Coltivare la forza e la vitalità

Un discorso di
Sri Mata Amritanandamayi
Rilasciato il 1 dicembre 2009
in occasione dell'inaugurazione della
Fondazione Internazionale Vivekananda
di Nuova Delhi

Mata Amritanandamayi Center, San Ramon
California, Stati Uniti

Coltivare la forza e la vitalità

Un discorso di Sri Mata Amritanandamayi
Tradotto in inglese da Swami Amritaswarupananda Puri

Pubblicato da:
   Mata Amritanandamayi Center
   P.O. Box 613
   San Ramon, CA 94583
   Stati Uniti

————— *Cultivating Strength and Vitality (Italian)* —————

Copyright © 2016 Mata Amritanandamayi Center,
P.O. Box 613, San Ramon, CA 94583, Stati Uniti

Tutti i diritti riservati. Ogni riproduzione, archiviazione, traduzione o diffusione, totale o parziale, della presente pubblicazione, con qualsiasi mezzo, con qualsiasi scopo e nei confronti di chiunque, è vietata senza il consenso scritto dell'editore.

Prima edizione a cura del MA Center: agosto 2016

In Italia: www.amma-italia.it

In India:
   inform@amritapuri.org
   www.amritapuri.org

(da sinistra a destra) Sri Ajit Kumar Doval, direttore
della Fondazione Internazionale Vivekananda;
l'onorevole M.N. Venkatacheliah,
ex Presidente della Corte Suprema in India;
Sri Mata Amritanandamayi;
P. Parameshwaran, Presidente del
Vivekananda Kendra.

Prefazione

Questo breve discorso è stato pronunciato da Amma l'1 dicembre 2009 in occasione dell'inaugurazione del Centro Internazionale della Fondazione Vivekananda di Chanakyapuri, presso Nuova Delhi. Di fatto, le parole di Amma non richiedono una prefazione; esse sono semplici, chiare e lampanti. Il discorso si è tenuto davanti a un'augusta assemblea di intellettuali e di alti dignitari di Nuova Delhi. Sebbene non sia lungo, contiene l'essenza della spiritualità.

Nel suo messaggio Amma ha accennato a numerosi argomenti e anche a come creare armonia tra le religioni, al giusto ruolo dell'educazione nella società e all'importanza di essere orgogliosi della propria madre patria ed eredità nazionale. Amma si è soffermata in modo particolare sui giovani, sui loro bisogni e sul ruolo degli adulti nell'aiutarli a sviluppare pienamente le loro potenzialità.

Ogni argomento è stato affrontato in modo conciso e con un'acutezza che arriva al nocciolo del problema. E poiché queste parole provengono da un maestro spirituale davvero unico, non occorre aggiungere che si tratta di un discorso profondo, vivo e spiritualmente vibrante.

Coltivare la forza e la vitalità

Parlando dell'insigne personalità che fu Swami Vivekananda, Amma ha detto: "Swami Vivekananda è un nome che racchiude in sé una forza e un fascino speciali e chi lo portava era un individuo così radioso che solo all'udire il suo nome tutti noi ci sentiamo automaticamente risvegliati ed energizzati. Egli fu un grande sannyasi che rivoluzionò e trasformò la società, uno jnani perfetto, l'emblema della devozione al guru, un eccellente karma yogi e un brillante oratore". Amma ha descritto la visione che Swami Vivekananda aveva della spiritualità come "uno stile di vita da condurre nel mondo, interagendo con ogni tipo di persona e affrontando ogni circostanza e sfida con coraggio e compostezza".

Offrendo aneddoti e racconti bellissimi, Amma ha spiegato come i mahatma siano gli esempi viventi delle verità spirituali. Le Scritture e gli aforismi spirituali sono vivificati solo dalla vita e dagli insegnamenti di un maestro che ha realizzato il Sé. Il sadguru (il vero maestro spirituale) impersona tutte le qualità divine. "Le vite dei mahatma costituiscono il più grande esempio da seguire per la società e ne assicurano l'armonia", ha affermato Amma.

Sottolineando quanto sia importante risvegliare la forza spirituale, Amma ha soggiunto:

Prefazione

"Quando la potenza di Dio splende attraverso di noi, si manifesta come verità, benevolenza e bellezza. Quando Dio si rivela attraverso l'intelletto, la verità risplende; quando si manifesta con le azioni, emergono la bontà e la benevolenza e quando Dio si manifesta attraverso il cuore appare la bellezza. Quando la verità, la benevolenza e la bellezza diventano parte integrante della nostra vita, la vera forza emerge".

Amma comprende meglio di chiunque altro quanto sia essenziale che la nostra gioventù riceva un'educazione dove vengano affrontati anche argomenti spirituali ed è consapevole dell'immensa energia che le nuove generazioni possiedono; canalizzata correttamente, tale energia farà loro compiere prodigi. Se i giovani cambiano, il mondo cambierà. In tutto il pianeta sono stato testimone di come la presenza di Amma nella loro vita abbia trasformato l'esistenza, i comportamenti e la visione delle cose di migliaia di ragazzi e ragazze, producendo così un innegabile cambiamento positivo nella società. I giovani che incontrano Amma diventano sempre più consapevoli del dharma (dovere) verso se stessi e verso gli altri e nasce in loro il desiderio di servire con abnegazione la collettività, i poveri e i bisognosi e di salvaguardare l'ambiente.

Coltivare la forza e la vitalità

Tuttavia, riferendosi in generale all'odierna condizione giovanile Amma ha espresso la sua preoccupazione. "Oggigiorno, la fase della vita umana conosciuta come 'giovinezza' sta scomparendo, si passa direttamente dall'infanzia all'età adulta. La giovinezza è in effetti il bindu (il centro) della vita. Essa è un periodo nel quale non siamo bambini e nemmeno adulti, un tempo in cui vivere il momento presente e anche la fase ideale per addestrare la mente. Ma la generazione attuale sta facendo un buon uso di questo periodo?"

Amma ha proseguito dicendo che la gioventù di oggi non si accontenta di semplici parole e delle informazioni che riceve, ha bisogno di esempi che la ispirino, di modelli da imitare. Inoltre, sebbene i testi del Sanatana Dharma costituiscano una fonte inesauribile di sapienza infinita, occorre che siano presentati in una forma che li faccia apprezzare dai giovani. Perché questo accada, gli adulti devono comprendere correttamente i giovani, avvicinandoli con un atteggiamento umile e amorevole. Questo approccio deve essere quello di un 'dialogo', dove vi sia l'ascolto paziente e la trasmissione della conoscenza avvenga in modo maturo e compassionevole.

Amma ha anche detto che occorre riconsiderare la metodologia e il linguaggio utilizzato nei dibattiti interreligiosi. Esprimendo preoccupazione sulla tendenza odierna dei leader religiosi a distorcere le verità sacre per i propri scopi egoistici, ha soggiunto: "La religione e la spiritualità sono le chiavi capaci di aprire il nostro cuore e di farci guardare ognuno con compassione. ... Usando proprio le chiavi che dovevano servire ad aprirci il cuore, la nostra mancanza di discernimento ne ha invece sbarrato l'accesso".

Sottolineando inoltre come, per alcuni versi, il nostro sistema educativo moderno stia fuorviando la società, Amma ha detto: "La vera educazione è alla base di ogni cambiamento positivo; essa è il mantra segreto per ottenere successo nella vita ed è la soluzione a tutti i problemi. Tuttavia il nostro sistema educativo è stato ridotto a uno strumento per ottenere il successo materiale".

Nel mondo d'oggi e in particolare nelle nuove generazioni, si crede solo negli sforzi umani, ma questo atteggiamento serve solo ad accrescere l'ego. Ciò di cui abbiamo bisogno attualmente è una leadership non egoista e compassionevole. Amma sottolinea sempre quanto la grazia divina sia necessaria per raggiungere il successo in qualsiasi ambito e ritiene fondamentale che la gioventù moderna comprenda l'importanza del fattore grazia, inintelligibile e al di sopra di ogni logica. Amma ha

Coltivare la forza e la vitalità

detto: "Dovremmo eliminare la nozione egoistica secondo cui il nostro sforzo, da solo, renderà fruttuosa la nostra vita. Solo inchinandoci, la potenza che sostiene il cosmo fluirà in noi".

Amma ha concluso il suo discorso evidenziando l'importanza del nutrire amore per la propria patria e ha elogiato Swami Vivekananda, dipingendolo come un grande patriota che amava l'India e la sua ricca cultura. "La nostra eredità è incomparabile. Dovremmo adottare ciò che c'è di buono negli altri paesi, rimanendo saldamente radicati nell'amore per la nostra patria e per la nostra cultura spirituale".

Riflettendo sulle parole di saggezza di Amma, l'onorevole M.N. Venkatachaliah, ex Presidente della Corte Suprema in India e rinomato studioso, ha dichiarato: "Oggi abbiamo ricevuto questa dose di amrita (ambrosia) da Amma, che ci ha mostrato cosa aggiunga sapore alla nostra vita. La sua interpretazione di Vivekananda è stata forse la più ispiratrice e accurata. La comprensione e la presentazione di Amma sono state così rilevanti da indurmi a pensare che alcuni di noi che erano tristi, ora sentano che esiste ancora qualcosa di buono nel mondo. Qualcuno una volta affermò: "Sino a quando ci saranno uccelli, fiori e bambini, tutto andrà bene nel mondo". Ma io dico che sino a quando ci saranno uccelli, fiori e bambini, e Mata Amritanandamayi, tutto andrà bene nel mondo".

Sri Ajit Kumar Doval, direttore della Fondazione Internazionale Vivekananda, si è riferito ad Amma come a 'la spiritualità personificata' e ha commentato: "L'amore incondizionato di Amma per l'umanità e la sua energia onnipervadente ben si accordano con la grande tradizione dei nostri leader spirituali, che di epoca in epoca hanno guidato le genti e il destino di questa nazione, offrendo un senso di continuità alla nostra civilizzazione, quella civilizzazione che costituisce il fondamento del nostro patriottismo, della nostra identità, della nostra nazione e del suo popolo".

Swami Amritaswarupananda
Vice Presidente Mata Amritanandamayi Math

Amma mentre pronuncia il suo discorso
presso la Fondazione Internazionale
Vivekananda di Nuova Delhi.

Coltivare la forza e la vitalità

Un discorso di

Sri Mata Amritanandamayi

Rilasciato il 1 dicembre 2009
in occasione dell'inaugurazione della
Fondazione Internazionale Vivekananda
di Nuova Delhi

Amma è felice per la nascita di questa istituzione dedicata a Swami Vivekananda che si propone di promuovere l'armonia e l'unità interreligiosa e di condividere i valori del Sanatana Dharma[1] con il resto del mondo. *Swami Vivekananda* è un nome che racchiude in sé una forza e un fascino speciali e chi lo portava era un individuo così radioso che solo all'udire il suo nome tutti noi ci sentiamo automaticamente energizzati e risvegliati. Egli fu

---

[1] Letteralmente 'Eterna Legge Universale', il nome originale dell'Induismo; è considerata eterna perché i suoi principi fondamentali sono universali e veri indipendentemente dal tempo e dal luogo.

un grande *sannyasi*[2] che rivoluzionò e trasformò la società, uno *jnani*[3] perfetto, l'emblema della devozione al *Guru*[4], un eccellente *karma yogi*[5] e un brillante oratore. In tutto e per tutto Swami Vivekananda era un individuo davvero straordinario, un fiore divino che, sbocciato nello splendore spirituale di Sri Ramakrishna Deva, diffuse la sua meravigliosa fragranza in tutto il mondo.

Per Swami Vivekananda la spiritualità non significava intraprendere austerità a occhi chiusi in qualche remota foresta o grotta, bensì uno stile di vita da condurre nel mondo, interagendo con ogni tipo di persona e affrontando ogni circostanza e sfida con coraggio e compostezza. Egli credeva fermamente che la spiritualità fosse il fondamento della vita e la fonte della vera forza e intelligenza.

La compassione e una sollecita premura verso il prossimo erano l'essenza del suo concetto di spiritualità. Egli affermava che non avrebbe creduto

---

[2] Chi ha rinunciato alla vita secolare per conseguire la liberazione spirituale.
[3] Letteralmente 'Colui che conosce', chi ha realizzato la verità trascendente.
[4] Un maestro spirituale.
[5] Chi compie tutte le azioni offrendole a Dio, accettando quindi in modo equanime ogni situazione della vita, sia essa positiva o negativa, come un dono sacro di Dio.

in un Dio o in una religione incapaci di asciugare le lacrime di una vedova o di offrire un pezzo di pane a un orfano affamato. Sottolineando l'importanza della compassione e del servizio al mondo, egli arricchì di una nuova dimensione la tradizione indiana del *sannyasa*.

Le vite dei *mahatma*[6] sono il loro messaggio; esse costituiscono il più grande esempio da seguire per la società e ne assicurano l'armonia. È soprattutto grazie all'influenza e all'ispirazione delle vite dei mahatma che i legami famigliari e i valori sociali in India occupano ancora un posto preminente. Queste grandi anime non si limitarono a insegnare norme quali "Dite sempre la verità. Seguite sempre ciò che è giusto"[7] e "Considerate vostra madre, vostro padre, i vostri insegnanti e i vostri ospiti come Dio"[8], ma le vissero in prima persona. I valori che si radicarono nella società scaturirono dall'esempio dei mahatma, non dai re e dai capi politici. Di fatto, erano i mahatma la

---

[6] Letteralmente 'grandi anime'; Amma utilizza questa parola per indicare in modo specifico chi ha raggiunto la realizzazione del Sé.

[7] *satyam vada | dharman cara |* (Taittiriya Upanishad, 1.11.1).

[8] *matadevo bhava | pitadevo bhava | acarya-devo bhava | atithi-devo bhava |* (Taittiriya Upanishad, 1.11.12).

Coltivare la forza e la vitalità

guida e il modello dei governanti. La spiritualità è alla base di tutti i valori; se li perdiamo, la nostra vita diventa come un satellite che si è sganciato dalla forza di gravità della terra.

I mahatma non sono semplici individui, bensì la forma visibile della Verità Suprema. In essi ogni egoismo è stato sradicato. Proprio come un magnete attrae la limatura di ferro, queste grandi anime attraggono tutto il mondo. Poiché agiscono senza interessi personali e senza attaccamento, ogni loro azione trasforma la società e il mondo intero.

Un gruppo di giovani avvicinò un sannyasi e gli chiese: "Che cos'è il sannyasa?" In quel momento il sannyasi stava portando sulle spalle un fagotto che conteneva i suoi oggetti personali. Immediatamente lo lasciò cadere a terra, continuando a camminare. Non comprendendo il significato di quel gesto, i giovani lo raggiunsero, rifacendogli la stessa domanda: "Che cos'è il sannyasa?"

Il mahatma rispose: "Non mi avete visto lasciar cadere il fagotto? Sannyasa significa innanzitutto rinunciare all' 'Io' e al 'mio'".

Desiderosi di saperne di più i giovani ripresero: "Dopo aver rinunciato all' 'Io' e al 'mio', qual è il passo successivo?"

Il mahatma ritornò sui suoi passi, raccolse il fagotto, se lo rimise sulle spalle e continuò il cammino. Confusi, i giovani gli chiesero: "E questo cosa significa?"

Il sannyasi sorrise e replicò: "Non mi avete visto riprendere il fagotto? Dopo aver rinunciato all' 'Io' e al 'mio', si deve portare sulle spalle il peso del mondo. Si dovrebbero amare e servire gli altri sentendo i loro dolori e le loro difficoltà come se fossero i propri. Questo è il vero sannyasa".

Tuttavia questo carico non graverà sulle spalle perché dove c'è amore nulla è considerato un peso. Prendersi cura di un bambino può essere un compito difficile per una babysitter, ma per la madre del piccolo è un'esperienza gioiosa. Quando c'è amore nulla è considerato un peso.

Detto questo, per servire il mondo con abnegazione dobbiamo dapprima rafforzarci. Swami Vivekananda affermava che solo risvegliando la forza interiore possiamo ottenere una vera trasformazione e trovare soluzioni definitive ai problemi della società.

La qualità più importante di una persona o di una nazione è la forza. Quando comprendiamo che essa è dentro di noi, la vera forza si risveglia. *Satyam, shivam, sundaram*[9] (verità, benevolenza e

---

[9] In questo contesto *satyam* (verità) non indica la realtà suprema ma qualità come onestà, integrità e rettitudine. Come dice Amma, la realtà suprema di Dio, come anche

Coltivare la forza e la vitalità

bellezza) non sono qualità di Dio, sono la nostra esperienza, la nostra percezione del Divino. Esse sono, in effetti, limitazioni che la nostra mente proietta su Dio. In realtà Egli trascende queste qualità, è infinito. Quando la Sua potenza splende attraverso di noi, si manifesta come verità, benevolenza e bellezza. Quando Egli si rivela attraverso l'intelletto, la verità risplende; quando si manifesta con le azioni, emergono la bontà e la benevolenza e quando Dio si manifesta attraverso il cuore, appare la bellezza. Quando la verità, la benevolenza e la bellezza diventano parte integrante della nostra vita, la vera forza emerge.[10]

L'India[11] ha bisogno di forza, vitalità e vigore. Se i nostri giovani si levassero e agissero, avrebbero l'energia e il dinamismo necessari per trasformare notevolmente la società.

Come disse una volta Swami Vivekananda: "Il valore supremo della giovinezza è inestimabile

---

quella dell'individuo e dell'universo, trascende queste qualità: è pura coscienza.

[10] La coscienza è ciò che dà vita al creato, è il substrato dell'universo. Quando la mente si è liberata delle attrazioni e delle avversioni, la personalità rigenerata esprime qualità divine come la veridicità, la bontà e la bellezza.

[11] Avendo tenuto il discorso a Nuova Delhi, Amma ha specificamente detto 'India'; tuttavia queste qualità sono necessarie in tutte le nazioni.

e indescrivibile; essa è il periodo più prezioso della vita, la fase migliore. Il modo in cui utilizzate questo tempo deciderà la natura dei vostri anni futuri. La vostra felicità, il successo, il prestigio e la vostra reputazione dipendono tutti da come vivete ora. Ricordatelo. Questo periodo meraviglioso dello stadio iniziale della vostra vita vi appartiene come l'argilla bagnata nelle mani del vasaio. Il vasaio la modella con abilità per ottenere la forma e l'aspetto che desidera. Similmente voi potete saggiamente modellare la vostra vita, il vostro carattere, la vostra forza e salute fisica, ovvero la vostra intera natura, nel modo che avete deciso. E dovete farlo ora".

Oggigiorno la fase della vita umana conosciuta come 'giovinezza' sta scomparendo, si passa direttamente dall'infanzia all'età adulta. La giovinezza è in effetti il *bindu* (il centro) della vita. Essa è un periodo nel quale non siamo bambini e nemmeno adulti, un tempo in cui vivere il momento presente e anche la fase ideale per addestrare la mente. Ma la generazione attuale sta facendo un buon uso di questo periodo?

Una donna stava passeggiando in un parco quando vide un vecchio sorridente seduto su una panchina. La donna gli si avvicinò e disse: "Lei

Coltivare la forza e la vitalità

sembra così felice! Qual è il segreto che si nasconde dietro questa vita così lunga e felice?"

Il vecchio rispose: "Ebbene, non appena scendo dal letto mi bevo due bottiglie di whisky, poi fumo un pacchetto di sigarette e a pranzo mangio pollo fritto e bistecche sino a esserne sazio. Il resto della giornata lo trascorro ascoltando musica heavy-metal e rap e nel frattempo continuo a sgranocchiare patatine, dolci e altro cibo spazzatura. Inoltre, quattro o cinque volte la settimana fumo della marijuana. Esercizio fisico? Non ci ho mai pensato!"

La donna era sciocca. "Incredibile!" esclamò. "Non ho mai sentito parlare di qualcuno con uno stile di vita simile al suo che sia vissuto così a lungo. A proposito, quanti anni ha?"

"Ventisei" rispose l'uomo.

Questo è il modo in cui molti sprecano la loro preziosa giovinezza. Ma perché lo fanno? Da bambini non hanno ricevuto una corretta disciplina dai genitori, che hanno focalizzato la loro intera attenzione sul guadagno economico e sugli studi. Questi sono entrambi necessari, ma occorre anche trasmettere dei valori ai propri figli. Persino se compriamo l'auto più costosa e la riforniamo con il migliore carburante, non possiamo fare a meno della batteria per avviare il motore. Allo stesso modo, valori e virtù sono necessari per guidare il veicolo della vita.

Come possono i giovani sviluppare valori spirituali e buone qualità? Come indirizzarli sulla retta via? Come incanalare la loro forza per promuovere il progresso sociale, nazionale e mondiale? Per realizzare tutto questo è importante aiutare i giovani a formare il loro carattere e a manifestare la loro natura umana. Dobbiamo dapprima comprenderli in modo adeguato, scendere al loro livello. Swami Vivekananda si impegnò a mettere in risalto questi due aspetti.

Nel Sanatana Dharma esistono innumerevoli testi che rivelano la profondità e la vastità della vera conoscenza spirituale e spiegano la natura del mondo. Ma la mente dei giovani può non accettare tali testi nella loro forma originale. Dovremmo saper trasmettere ai giovani questi insegnamenti dottrinali in un linguaggio a loro comprensibile e attuale. E questa è responsabilità degli adulti. Tuttavia questa educazione non dovrebbe essere solo intellettuale; quando si spiega la spiritualità ai giovani occorre fare appello anche al cuore. Gli adulti dovrebbero scegliere l'approccio del dialogo (*Samvada*). Quando li avviciniamo, invece di esibire la nostra conoscenza ed erudizione dovremmo avere un atteggiamento empatico, comprendere il

Coltivare la forza e la vitalità

loro cuore e coinvolgerli nel dialogo. Ascoltiamo con pazienza e con amore le loro domande e critiche e accostiamoli con compassione. Solo questa modalità di approccio riuscirà a trasformarli. Ma soprattutto dovremmo essere un esempio al quale possano ispirarsi.

Qual è l'importanza della spiritualità? Una persona ignorante che non ha alcun obiettivo nella vita è, in tutti i sensi, addormentata e si potrebbe affermare che assomigli più a una folla che a un individuo. Tali persone non sanno prendere decisioni perché, come una folla, hanno molte opinioni contrastanti. Quando un aspetto della mente crea qualcosa, un altro lo distrugge. Tutti gli sforzi di queste persone sono vani; non avendo chiara la direzione da prendere, continuano a vagare nella vita. È come legare un cavallo a ognuno dei quattro lati di un carro e dare le redini a un cocchiere addormentato. Tali persone non hanno alcun interesse a migliorare. Questa è la vita di coloro che sono privi di una comprensione spirituale e pensano: "*Sto raggiungendo il mio obiettivo... Sto raggiungendo il mio obiettivo...*"; in realtà la loro vita non sta progredendo e infine crollano stremati. La nostra mente è costantemente rivolta all'esterno, attirata da innumerevoli oggetti. Dovremmo riorientarla e scoprire l'infinita forza che abbiamo all'interno. Non basta infatti essere semplicemente un individuo, dobbiamo essere un individuo consapevole. Questo è lo scopo della spiritualità. Questa è la conoscenza da tramandare ai giovani.

Nel mondo d'oggi molti credono che la capacità di interpretare le verità spirituali a proprio piacimento sia sinonimo di grande maestria nella spiritualità. L'incapacità di farlo è considerata una debolezza. Le verità spirituali non dovrebbero essere mai interpretate liberamente, ma trasmesse in modo tale che aiutino lo sviluppo dell'individuo e della società. Ecco perché coloro che hanno ricevuto il compito di impartire questa conoscenza dovrebbero essere maturi, capaci di discernimento[12] e avere un cuore aperto. Solo in questo modo essi sapranno risvegliare la bontà e la nobiltà in coloro a cui trasmettono questo sapere.

La gioventù odierna non si accontenta di semplici parole. Grazie alle moderne tecnologie di informazione questa generazione è in grado di accedere a molta più conoscenza di quanto fosse possibile alla generazione precedente e la diffusione

---

[12] *Viveka buddhi* è una mente che ha raggiunto la saggezza e la sottigliezza necessarie per discernere con chiarezza non solo tra *dharma* e *adharma* (rettitudine ed empietà), ma anche per distinguere in ultima istanza l'eterno e dall'effimero.

delle informazioni è diventata molto più semplice. Limitarsi a predicare non crea un dialogo, non richiamerà i giovani e non attrarrà nessuno. Ogni cambiamento prodotto da queste conferenze sarà di breve durata. Spiegare ai giovani il vero significato di dialogo è una responsabilità della vecchia generazione. Tutte le parole di Swami Vivekananda erano in forma di dialoghi poiché erano profondamente sentite e scaturivano da una perfetta comprensione del livello intellettuale ed emotivo di coloro a cui erano dirette. Questo è il motivo per cui le sue parole possedevano una grande forza e ancora oggi riescono a trasformare le persone.

Si organizzano costantemente incontri tra esponenti delle diverse religioni e culture, ma dovremmo riconsiderare la metodologia e il linguaggio che utilizzano e chiederci se essi siano davvero adeguati. Oggi molti di noi sono in grado di fornire interpretazioni che soddisfano la logica e l'intelletto, ma ci stiamo dimenticando di trasmettere assieme alla logica la bellezza del cuore. I convegni non dovrebbero essere solo eventi in cui le persone si riuniscono, ma anche luoghi dove i cuori si incontrano.

I problemi nascono quando affermiamo: "La mia religione è buona, la tua è sbagliata". Sarebbe come dire: "La mia è una madre esemplare, la tua è una prostituta!" Solo quando discuteremo comprendendo come ogni persona consideri perfetto il proprio punto di vista, riusciremo a comunicare efficacemente con gli altri.

Le vere guide spirituali amano e venerano l'intero creato, poiché in esso vedono la manifestazione della coscienza divina. Essi scorgono l'unità che sottende la diversità. Tuttavia oggi molti capi religiosi travisano le parole e l'esperienza degli antichi veggenti e profeti solo per sfruttare le persone che hanno una mente debole.

La religione e la spiritualità sono le chiavi capaci di aprire il nostro cuore e di farci guardare ognuno con compassione. Ma il nostro egoismo ci ha accecato: la nostra mente ha perso la capacità di discriminazione e la nostra visione ne risulta distorta. Questa attitudine ha aumentato ulteriormente l'oscurità. Usando proprio le chiavi che dovevano servire ad aprirci il cuore, la nostra mancanza di discernimento ne ha invece sbarrato l'accesso.

Un tempo, quattro uomini furono colti da una tempesta mentre si stavano recando in barca a una conferenza religiosa e furono costretti a rifugiarsi su un'isola deserta. Era una notte dal freddo pungente, la temperatura era scesa vicino allo zero. Ogni viaggiatore portava con sé una scatola di

Coltivare la forza e la vitalità

fiammiferi e una fascina di legna nel proprio zaino, ma ciascuno pensava di essere il solo ad averli.

Il primo uomo pensò: "Dalla medaglietta al collo di quell'uomo, direi che appartiene a un'altra religione. Se accendo un fuoco, beneficerà anche lui del calore. Perché dovrei usare la mia legna per scaldarlo?"

Il secondo uomo pensò: "Quella persona proviene dal paese che ci ha sempre combattuto. Non mi sognerei mai di usare la mia legna per farlo stare meglio!"

Il terzo uomo guardò uno dei suoi compagni e pensò: "Conosco quel tipo. Appartiene a una setta che crea sempre problemi alla mia religione. Non sprecherei mai la mia legna per lui!"

L'ultimo uomo pensò: "Odio il colore della pelle di quell'uomo, diversa dalla mia! Non ho nessuna intenzione di condividere la mia legna con lui!"

Infine, nessuno di loro fu disposto a bruciare la sua legna per riscaldare gli altri e così il mattino li trovò tutti morti congelati. La vera causa della loro morte non fu il freddo esterno, ma il gelo dei loro cuori. Noi stiamo diventando come questi uomini. Ci accapigliamo in nome della religione, della casta, della nazionalità e del colore della pelle senza dimostrare alcuna compassione per i nostri simili.

La società moderna è come una persona con la febbre alta. Mentre la temperatura sale rapidamente, il paziente mormora cose insensate. Indicando una sedia sul pavimento, potrebbe chiedere: "Perché quella sedia sta volando?" Cosa potremmo rispondergli? La maggior parte di noi vive così. È facile svegliare una persona addormentata, ma è impossibile svegliare qualcuno che finge di dormire.

I giovani sono attratti dalle parole di Swami Vivekananda non solo perché egli parlava il linguaggio della logica e dell'intelletto, ma anche perché era sincero. Al Parlamento delle Religioni di Chicago nel 1893, quando iniziò il suo discorso con le parole: "Sorelle e fratelli d'America!", ci fu un'esplosione di entusiasmo e di gioia nell'intera sala. Perché? Perché quelle parole erano veramente sincere e sentite. Se vi è sincerità nelle vostre parole, senza dubbio esse ispireranno e daranno forza ad altri, che si sentiranno motivati ad agire con altruismo.

La vera educazione è alla base di ogni cambiamento positivo; essa è il *mantra* segreto per ottenere successo nella vita ed è la soluzione a tutti i problemi. Come disse Swami Vivekananda: "Che cos'è l'educazione? È l'apprendimento dai libri? No. È una conoscenza diversa? Nemmeno quello.

L'educazione è un processo di formazione attraverso il quale la volontà, così come viene prodotta ed espressa, è controllata in modo proficuo".

Attualmente l'educazione moderna ha un solo obiettivo: avere successo nel mondo. "Successo" è diventato il mantra dei nostri giovani. "Qualsiasi strada tu scelga nella vita, devi riuscire ad affermarti!" Questo è il motto del sistema educativo in vigore, ridotto a uno strumento per ottenere il successo materiale. Ma tale successo sarà duraturo? Aiuterà i nostri figli a ottenere amore e rispetto nella società? Fornirà la forza necessaria per affrontare con fermezza le prove e le traversie della vita? Il successo recherà forse guadagni temporanei, ma alla fine questi giovani soccomberanno.

Non solo occorre comprendere quanto vuota, artificiale e banale sia questa concezione moderna del successo, ma dobbiamo anche apprezzare pienamente il significato e l'importanza del vero successo. A tale riguardo, Swami Vivekananda disse: "Lo scopo della gioventù è *atma-vikasa* (esprimere se stessi), è *atma-nirmana* (sviluppare se stessi). Cercate di capire cosa significhi veramente 'vita di successo'. Quando si parla di successo nella vita, non si intende solo riuscire in ogni impresa… L'essenza del vero successo è ciò che fate di voi stessi, il comportamento che tenete, il carattere che coltivate e il tipo di persona che diventate".

Non solamente chi affronta i propri nemici con spade e fucili, è un soldato: chiunque lotti per raggiungere l'obiettivo della vita è, in qualche modo, un guerriero. Uno *kshatriya*[13] è colui che è impegnato a combattere. Dove? In ogni ambito della vita. Che sia il campo dell'arte, della politica, degli affari, della spiritualità o dell'educazione, dobbiamo essere in grado di far emergere correttamente le qualità di *sattva*, *rajas* e *tamas*.[14] Per focalizzare tutta l'attenzione sullo scopo della nostra vita e procedere, ci occorrono le facoltà mentali e la forza. Per evitare l'egoismo abbiamo bisogno della luce della bontà nei nostri cuori e anche della capacità di esprimere tale bontà. Ogni nostra azione dovrebbe favorire lo sviluppo olistico della società e il benessere dell'umanità. La crescita di ognuno comporta la nostra stessa crescita: questo è autentico progresso. Per comprendere

---

[13] Colui che appartiene alla casta dei guerrieri, una delle quattro caste dell'ordinamento sociale indù.
[14] Secondo le Scritture indù le qualità primarie (*guna*) che compongono l'universo e anche la mente umana sono di tre tipi: *sattva*, *rajas* e *tamas*. In questo contesto esse rappresentano, rispettivamente, le forze che sostengono, creano e distruggono.

fermamente e assimilare tale concetto è necessario il discernimento.

Ciò che manca ai giovani d'oggi è una corretta discriminazione. La semplice diffusione delle informazioni non basta a risvegliare tale capacità, che si sviluppa solo dopo aver maturato la fede nella potenza che si cela nel cosmo e che trascende la nostra mente e il nostro intelletto. Dobbiamo eliminare la nozione egoistica secondo cui il nostro sforzo, da solo, renderà fruttuosa la nostra vita. Solo inchinandoci, la potenza che sostiene il cosmo fluirà in noi.

Se chiediamo a un chitarrista o a un cantante da dove proviene la sua musica, probabilmente risponderà: "Dal mio cuore". Ma se aprissimo il suo cuore con un bisturi, vi troveremmo la musica? Se dicesse che la musica proviene dai polpastrelli o dalla gola, la troveremmo se la cercassimo in quei punti? Da dove proviene, allora? Da un luogo che è oltre il corpo e la mente e che è la dimora della pura coscienza, Dio. Le nuove generazioni dovrebbero cercare di comprendere e rispettare questa potenza. Il sistema educativo moderno non valorizza questo tipo di comprensione. Dovremmo aiutare i giovani a divenire consapevoli dell'importanza dell'amore, del servizio disinteressato, dell'umiltà e della necessità di ripagare la società che ha contribuito al loro successo. Indipendentemente dal ruolo che svolgiamo, capofamiglia, Direttore Generale o persino leader politico, dobbiamo innanzitutto conoscere noi stessi. In questo si trova la vera forza. Occorre riconoscere e accettare i nostri sbagli, i nostri difetti e i nostri limiti per poterli in seguito superare. Questo processo segna la nascita dei veri leader, che sono coloro che sanno guidare gli altri sul sentiero del *dharma*[15] avendo fiducia in se stessi, sincerità e autoconsapevolezza. I giovani d'oggi diventeranno i leader di domani ed è quindi importante che comprendano da dove proviene la vera forza. Solo quando essi avranno sviluppato in loro la bontà e sapranno agire senza aspettative cominceranno ad attrarre e influenzare i cuori degli altri.

La meditazione e la spiritualità sono aspetti inseparabili della vita. È fondamentale avere una mente che ami meditare e sia orientata verso la spiritualità se vogliamo che le nostre azioni e i nostri pensieri siano chiari e incisivi. Ritenere la spiritualità e la vita due cose separate è segno di ignoranza. Come il cibo e il sonno sono necessari per il corpo, così i pensieri spirituali sono necessari

---

[15] Codice che indica le norme di un comportamento corretto, prendendo in considerazione l'armonia del mondo, della società e dell'individuo.

Coltivare la forza e la vitalità

per la salute della mente. Ma come vengono considerate la meditazione e la spiritualità oggigiorno?

Due amici si incontrarono per strada. Il primo chiese all'altro come stesse.

"Bene, grazie" fu la risposta.

Il primo allora domandò: "Come sta tuo figlio? Ha finalmente trovato un lavoro?"

"Oh no, non ancora, ma ha iniziato a meditare".

"Meditare? Di cosa si tratta?"

Il secondo uomo replicò: "Mah, non ne sono proprio sicuro, ma ho sentito dire che è meglio che non fare nulla".

In modo analogo molte persone pensano che la spiritualità sia per chi non ha niente di meglio da fare.

La spiritualità è il cuore della cultura indiana. Se assimiliamo adeguatamente la nostra cultura, scopriremo che contiene le soluzioni per tutti i nostri problemi, sia individuali che collettivi. Ecco perché Swami Vivekananda esortava costantemente i giovani a costruire un legame affettuoso con il proprio paese e la propria cultura, sviluppando al contempo un intelletto indipendente e una mente aperta. Occorre che la gioventù trovi il coraggio di accettare il bene e di rifiutare il male in qualsiasi ambito. Fu proprio perché possedeva queste qualità che Swami Vivekananda riuscì a essere orgoglioso del patrimonio storico e culturale dell'India e a coltivare al tempo stesso le caratteristiche occidentali del pensiero progressista e del dinamismo.

Il Vedanta è la base della visione onnicomprensiva che l'India ha della religione. Esso considera tutte le religioni come dei cammini che conducono alla stessa meta. Swami Vivekananda profetizzò che nonostante lo sviluppo della scienza moderna le verità del Vedanta sarebbero rimaste salde, superando ogni sfida e divenendo alla fine la visione universale del mondo.

La diversità è ciò che contraddistingue la creazione di Dio. Questo universo è troppo complesso per essere spiegato da un'unica religione o filosofia. Se vogliamo la pace, la felicità e il progresso dobbiamo fare del nostro meglio perché il mondo comprenda la via di un'integrazione armoniosa. Di fatto, questa integrazione armoniosa è il vero spirito del Sanatana Dharma, che abbraccia ogni cosa.[16]

Amma vede il mondo intero come un fiore: ogni petalo rappresenta una nazione. Se un petalo è infestato dai parassiti contagerà anche gli altri

---

[16] Nella sua ampia visione, il *Sanatana Dharma* contiene nella sua struttura flessibile innumerevoli e molteplici visioni dell'universo.

petali e deturperà tutta la bellezza del fiore. È responsabilità di ognuno di noi proteggere e nutrire questo fiore. Tutte le nazioni del mondo dovrebbero pertanto progredire insieme, mano nella mano, condividendo e facendo propri i contributi e gli esempi preziosi di ciascuna. Questo esempio ricorda ad Amma una foto delle strade in occidente. Quando lei viaggia all'estero e vede le strade asfaltate, la pulizia, la disciplina e l'ordine che vi regna, vorrebbe che anche in India fosse così. Se le strade indiane fossero migliori, si potrebbero evitare numerosi incidenti; se si mantenessero gli stessi standard occidentali di pulizia, sarebbe più semplice prevenire epidemie e altre malattie; se si avesse la stessa etica del lavoro, la crescita e lo sviluppo dell'India sarebbero più rapidi. Allo stesso modo, i paesi occidentali possono assorbire le esperienze preziose dell'India, soprattutto la sua saggezza spirituale.

Ogni cittadino di questo paese non dovrebbe mai dimenticare che il patrimonio storico e culturale dell'India è incomparabile. La luce che illumina il presente è il risultato delle impressioni create da noi nel passato con i nostri pensieri e azioni. Dovremmo adottare ciò che c'è di buono negli altri paesi rimanendo saldamente radicati nell'amore per la nostra patria e per la nostra cultura spirituale. Quando Sri Rama[17] in cammino verso la foresta raggiunse il confine del regno di Ayodhya, raccolse una manciata di terra e disse: "La madre che ci ha dato alla luce e la nostra madrepatria sono più grandi del paradiso".

Quando Swami Vivekananda raggiunse Madras (Chennai) al ritorno dal suo tour negli Stati Uniti, si dice che si rotolò nella sabbia proclamando tra le lacrime: "Anche dopo aver visitato così tante nazioni, non ho mai trovato una madre come la mia". Quando soggiornava in un albergo a cinque stelle, invece di dormire in quello splendido letto si sdraiava sul pavimento e piangeva, ricordando chi era povero e pativa la fame in India. Tale amore e rispetto per il nostro paese e la nostra cultura dovrebbe essere un modello per tutti noi, soprattutto per la nostra gioventù. Non dimentichiamo che "La minestra di riso di nostra madre è più saporita del budino dolce della nostra matrigna".[18]

---

[17] Nell'epopea indiana Ramayana, il Signore Rama, un'incarnazione di Dio, viene esiliato dal suo regno per 14 anni.

[18] Il significato implicito è che i valori culturali tradizionali del proprio paese d'origine, in definitiva, nutrono e appagano più dei lussi e dei piaceri acquisiti all'estero.

Coltivare la forza e la vitalità

In un periodo in cui il materialismo e l'indulgenza nei piaceri sensoriali stavano sgretolando la preziosa cultura indiana, apparve Swami Vivekananda con una ciotola di *amritam*[19] che aveva ottenuto dal *rishi parampara*.[20] Ecco perché Vivekananda riuscì a realizzare così tanto in così poco tempo, sia in India che nel resto del mondo. Le sue parole erano capaci di infondere nell'umanità la forza e la fiducia in se stessa per affrontare enormi ostacoli, per attraversare fiumi di lacrime e aride distese di stenti. Come i più grandi maestri, egli accettò il dolore e la sofferenza. La sua vita divenne un *deepa stambam* (una grande lampada sacra) di ottimismo per le persone che annegavano nella disperazione. Prima della sua nascita, sannyasa significava distacco[21] dai problemi del mondo. Swami Vivekananda aggiunse a quell'intenso distacco l'attenzione al servizio, fondato sulla dolcezza dell'amore e sulla fragranza della fede.

---

[19] Nelle leggende dell'India i semidèi e i demoni cercavano entrambi l'*amrita*, un nettare delizioso che donava l'immortalità. Qui Amma utilizza questo termine per indicare gli insegnamenti spirituali dell'India che portano alla realizzazione del Sé e a una società armoniosa e prospera.

[20] Il lignaggio dei saggi attraverso il quale la saggezza spirituale dell'India viene tramandata da tempi immemorabili.

[21] *Vairagya*.

Prima di concludere, Amma desidera condividere altre idee con i suoi figli:

1. Non è sbagliato ritenere che la propria fede sia giusta, ma dovremmo concedere anche agli altri la libertà del loro credo. Quando imponiamo le nostre credenze religiose sugli altri, religioni nate dall'amore diventano causa di massacri. Non dovremmo permettere che religioni nate come canti di pace creino disarmonia e violenza.

2. In India, prima del sistema scolastico inglese, l'istruzione veniva impartita seguendo la tradizione dei *gurukula*.[22] A quel tempo l'educazione non consisteva in un semplice trasferimento di conoscenza materiale da una mente all'altra, ma implicava anche una trasmissione della cultura spirituale da cuore a cuore. La conoscenza e la consapevolezza del dharma sono i due lati della medaglia dell'educazione. Sin dalla nascita i genitori recitavano il nome di Dio nelle orecchie dei figli, in modo che essi crescessero ripetendo il Suo nome. In seguito, i genitori li inviavano in un gurukula, dove conducevano la vita del *brahmachari*[23] e apprendevano

---

[22] Letteralmente 'la famiglia del Guru'.
[23] Uno studente, il primo dei quattro stadi della vita induista tradizionale.

Coltivare la forza e la vitalità

tutte le Scritture[24] dal proprio Guru. Imparavano il significato della vita, come vivere e interagire con il mondo. Tale processo faceva maturare questi ragazzi e li rendeva degli adulti capaci di discernere, intrepidi e desiderosi di dedicare tutta la loro vita alla verità. Tutto ciò era parte integrante della loro educazione. La società moderna deve far rivivere questa tradizione, creando un sistema educativo basato sui valori e sulla consapevolezza spirituale.

3. Fu Budda che ebbe l'idea di un'istituzione di sannyasi al servizio della società e Swami Vivekananda la riprese, adattandola ai bisogni del suo tempo. Cent'anni fa Swami Vivekananda dichiarò che "adorare Dio nella forma dei poveri (*daridra narayana puja*)" era ciò che occorreva in quel tempo e questa affermazione è tutt'ora valida. Quando l'epidemia della peste si diffuse a Calcutta, egli assistette i malati con la stessa devozione con la quale aveva servito il suo Guru, che riteneva essere un'incarnazione (*avatara*) di Dio. Si tenne persino pronto a vendere Belur Math[25] in caso di necessità.

---

[24] Nei *gurukula* ai bambini venivano insegnate *paravidya* e *aparavidya*, la saggezza spirituale e le scienze materiali, considerate entrambe *sastra* (Scritture).

[25] Situato vicino a Calcutta, il Belur Math è la sede dell'ashram fondato da Swami Vivekananda e da altri discepoli diretti di Sri Ramakrishna Paramahamsa.

Per Swami Vivekananda la verità che ogni cosa che vediamo nella creazione è il Creatore stesso non era una mera conoscenza intellettuale, bensì un flusso continuo di energia che aveva toccato il suo cuore e aveva reso le sue mani degli strumenti per servire senza sosta.

4. Ogni nostra impronta, ogni viso e ogni paio di occhi sono unici. Tutto quanto venga ricavato da uno stesso stampo, sia esso un ago, una scarpa o una bambola, sarà identico. Ma nella creazione di Dio neppure due fili d'erba, né due petali di fiore sono uguali. Che dire quindi degli esseri umani? Dio ha inviato ogni persona sulla Terra con un talento speciale nascosto. Ogni nostra nascita ha uno scopo che solo noi possiamo realizzare. Scoprire in noi questo potere speciale è l'obiettivo della nostra vita. Ed è allora che l'esistenza acquista un significato e diviene una gioiosa comunione.

La vera educazione ci aiuta a raggiungere questo obiettivo. Swami Vivekananda disse chiaramente che occorre un'educazione che ci aiuti a sviluppare non solo il nostro intelletto, ma anche il nostro cuore. Una società in cui ognuno è identico all'altro sarebbe meccanica e senza vita. La bellezza della vita risiede nella condivisione della diversità.

5. Esiste un potere infinito dentro ciascuno di noi, sconosciuto al 90% delle persone d'oggi. Siamo nati nel dolore, cresciamo nel dolore e moriamo nel dolore. Abbiamo bisogno della guida di un Guru realizzato per scoprire dentro di noi i talenti che Dio ci ha donato e di cui al momento siamo del tutto inconsapevoli. È soltanto la gloria del Guru che ha permesso che una figura come Swami Vivekananda emergesse dalla comunione di Sri Ramakrishna e Narendra.[26]

6. Dovremmo insegnare ai nostri figli i princìpi e i valori religiosi fondamentali quale parte della loro educazione. Al tempo stesso è essenziale renderli consapevoli delle qualità redentrici insite in ogni religione, senza evidenziarne le differenze. Solo così è possibile mantenere l'amore e il rispetto reciproci nella società moderna, nella quale la diversità religiosa è una realtà sempre più palese. I valori impartiti nel nostro sistema educativo dovrebbero inoltre aiutare a instillare nei nostri figli speranza e ottimismo di fronte a qualsiasi difficoltà dovessero incontrare nella vita. La visione universale e le parole potenti di Swami Vivekananda resero i suoi

---

[26] Il nome di Swami Vivekananda prima che prendesse i voti di *sannyasa*.

scritti e i suoi discorsi degli insegnamenti perfetti per gli studenti.

7. La maledizione della nostra società è l'ignoranza delle tradizioni e dei principi spirituali fondamentali. Occorre cambiare questo stato di cose. Amma ha visitato numerosi paesi in tutto il mondo e ha incontrato personalmente moltissime persone. Tutte loro, comprese le popolazioni indigene dell'Australia, dell'Africa e dell'America, sono orgogliose del proprio patrimonio storico-culturale e delle proprie tradizioni. Ma in India molti di noi non hanno né la comprensione né l'orgoglio e alcuni ridicolizzano persino la loro cultura. Solo gettando solide fondamenta possiamo sperare di costruire un alto edificio. Allo stesso modo, solo conoscendo ed essendo fieri dei nostri antenati e di quello che ci hanno lasciato possiamo creare un presente e un futuro radiosi. Innanzitutto dobbiamo creare un ambiente adatto: focalizziamo quindi la nostra attenzione su coloro che patiscono la fame o sono privi d'istruzione. A tale scopo è necessario inserirsi nella società e agire. Swami Vivekananda sottolineò anche l'importanza di educare le donne, permettendo loro di occupare un posto adeguato nella società. In breve, dobbiamo essere pronti ad adattare il nostro atteggiamento in accordo coi

tempi che cambiano, coltivare una mente pronta all'azione e procedere quindi lungo il sentiero tracciato in passato da Swami Vivekananda.

Possa questa istituzione essere in grado di diffondere la vita e il messaggio di Swami Vivekananda in tutto il mondo, attuando il disegno da lui iniziato. Amma prega affinché questa struttura diventi una benedizione per il mondo intero e tutti gli sforzi dei figli di Amma portino frutto.

||*oṁ lokāḥ samasthāḥ sukhino bhavantu*||

Che tutti gli esseri di tutti i mondi siano felici

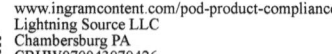

www.ingramcontent.com/pod-product-compliance
Lightning Source LLC
Chambersburg PA
CBHW070043070426
42449CB00012BA/3146